AF273254

Christine Schwarzer

Gedichte von der Grenze

-

Poems from the Borderline

Gedichte

**Bibliografische Information der Deutschen
Nationalbibliothek**
Die Deutsche Nationalbibliothek verzeichnet diese
Publikationin der Deutschen Nationalbibliografie;
detaillierte
bibliografische Daten sind im Internet über
http://dnb.d-nb.de abrufbar.

Herstellung und Verlag: Books on Demand GmbH,
Norderstedt
ISBN 978-3-8423-7019-7

1. Auflage 2011

Alltagslebensgrenze

Ausgeh-fein

Etwas Nagellack
schon sieht man nicht,
wie brüchig die Nägel sind

Etwas Rouge und Make-up
schon bemerkt niemand,
wie konturlos das Gesicht ist

Ein Pflaster auf die Wunde
schon ist überspielt,
wie tief sie ist

Lachen erfüllt mich

Die Sonne scheint
Alles ist gut
Lachen erfüllt mich
Ein Strahlen umgibt mich
Lachen erfüllt mich
Bis auf den Teil,
der stets weint
und schreit
um Hilfe.

Das Leben leben

Das Leben leben
heißt zu weben
dichte Decken
zum Verstecken

Unter wilden Tieren

Bin unter wilden Tieren
gewesen
War
dem Wolf im Schafspelz
bedingungslos
ausgeliefert und
habe erst gemerkt, dass ich
auf dem Speiseplan stand
als
der Wolf
seine Tarnung fallen ließ,
sein Maul öffnete,
mit vielen scharfen Zähnen

Bin unter wilden Tieren
gewesen
War dem Wolf im Schafspelz
bedingungslos
ausgeliefert und
bin noch einmal
lebend
vom Teller gesprungen

Heute habe ich Angst
vor Wölfen

und vor Schafen.

Weltbühne

Wenn die Welt
eine Bühne ist
und alle Menschen
bloß Schauspieler sind

Wo zum Teufel ist dann
meine Zweitbesetzung?

Weit

Weit, weit
von Zuhause fort
erwache ich
in einem fremden Haus,
in einem fremden Bett,
mir selbst fremd geworden
aus einem vertrauten Traum
der Kindheit
Fast alles vergessen?
Der Vergangenheit
kann man nicht
durch reisen entgehen
Egal
wie weit

Brücke

Ich zog los,
um eine Brücke abzubrennen
Doch mein Feuerzeug
hatte kein Gas mehr
Die Streichhölzer
waren feucht geworden
Und die Feuersteine
entpuppten sich als Sand
Ich zog los,
um eine Brücke abzubrennen
Die Brücke zur Vergangenheit

Wunderland

Mein Körper ist ein Wunderland
Ihn bieg' ich um von Geisterhand
Hier spotte ich dem Sachverstand
Mein Körper ist *mein* Wunderland

Kreidetintenkreise

Mein Leben
zieht Kreise aus
Kreide
und
Tinte
Manche kann ich
nicht davon abhalten
zu verwischen
Andere
vermag ich nicht
zu beseitigen

Und?

Mein Leben
ist gerettet
Das Herz
heilt langsam
Meine Stimme
wird lauter
Die Augen
glänzen wieder
Meine Liebe
erwacht
Die Seele
ist erfüllt
Mein Sinn
ist gefunden

Was bleibt
noch zu tun
…?

Angsthase

Ich kratze
ein bisschen
an der Oberfläche
und lecke
ein wenig
meine Wunden
und bilde mir ein
ich müsste
mich
mir selbst
niemals
ganz stellen

Schlingen

Mein Herz
schreit
Meine Seele
heult auf
in Pein
Ich
kreische
im Sturm
tosender Gefühle
Und mein
ignoranter Körper
schlingt alles
herunter
bloß
um zu ersticken.

Umgangssprachlich

Nein, ich will nicht springen
Spuck' in den Abgrund
Nehme Anlauf,
schließe die Augen,
breite die Arme aus …
Erflehe einen Windstoß

Springe
und falle

Aber nur in das Gras,
das längst zu meinen Füßen wuchs
Der Abgrund kann mich mal.

Sucht

Rausch der Geschwindigkeit
hüllt mich ein
Worte strömen durch meine Gedanken
Worte, für die es kein morgen gibt
Worte, die niemals mein Leben widerspiegeln
werden
Ich bin so wach,
doch sehne mich nach Träumen

Nicht so oft

Frag mich nicht so oft,
wie es mir geht,
wenn du doch erwartest,
ich würde mit 'gut' antworten

Denn ich kann sie dir
nicht ewig aufrecht erhalten
deine Illusion
von einer sorglosen Welt

Irgendwann werde ich noch
die ehrliche Antwort
heraus schreien

Beziehungsgrenze

Verstehen

Ich habe es dir gesagt,
doch nicht wirklich

Manchmal wünschte ich,
alles wüsstest du

Verstehen fast ohne Worte
haben wir bereits
Aber alles?

Wie könntest du begreifen,
was ich dir sage
wenn ich nicht verstehe,
warum ich es dir nicht sage?

Nachgefragt

Ich habe mich verloren
in den grellen Irrgärten meiner Gedanken
Bin untergegangen
in den farblosen Gepflogenheiten der
Gesellschaft
Habe mich verlaufen
in den grauen Straßen des Alltags
Bist du noch mein Freund,
mein Anker,
mein letztes
und einziges
Rettungsseil?
Bitte stell
ein Licht für mich
in dein Fenster

Öffne meine Augen

Nimm mich sanft
Lass mich fliegen
Heb mich hoch
und halte mich
zu den Sternen

Und brich mir das Herz
Zerschlag meine Lippen
Schlitz mir die Haut auf
Lass
dumme Träume
platzen

Ich will nur
das Leben nehmen
wie es
WIRKLICH
ist.

Liebesmonumente

Mein Herz kennt dich schon
tausend, tausend Schläge lang
Meine Lippen sehnen sich
nach deinem Kuss
Kann sein, dass ich noch
tausend, tausend Stunden lang
Hier warten oder fortziehen
und dich suchen muss
Doch wenn mir werden
tausend, tausend Steine in den Weg gelegt,
nie zweifle oder gebe ich je auf
In tausend, tausend Monumenten still gehegt
nimmt meine Liebe ihren unbändigen Lauf

Schneekugelwelt

Ich sehe meine Umgebung
wie aus dem Inneren
einer Schneekugel
Ständig regnen
meine Gefühle
auf mich nieder
Nein, nicht nur
meine
Gefühle
Sondern auch die,
die du mir entgegen strahlst
Vielleicht
habe ich ja schon immer
in meiner kleinen
Schneekugel gelebt
Vielleicht
tut das ja jeder von uns
Aber definitiv
hast du
meine geschüttelt.

Ich habe, was ich brauche

Den Stein der Weisen -
fand ich nicht
Im Lotto gewonnen -
habe ich nicht
Und eine Sternschnuppe fangen -
das konnte ich nicht

Doch
ich halte deine Hand

Was mich hindert

Ich wünschte,
mein Herz
könnte alles loslassen,
was es belastet

Doch fürchte ich,
dazu müsste
ich es erst
herausreißen.

Versprechen

Eine stürmische Nacht
würde es werden
Das versprachst du mir
Ich weiß ja nicht
wie es mit dir ist
aber für mich
macht eine Schneeflocke
noch keinen Winter

Ausgeraubt

Ich lasse niemanden
herein in meine Wohnung
Denn einmal
war's der Falsche,
dem ich meinen Schlüssel gab
und ich wurde ausgeraubt
Ich lasse niemanden
hinein in mein Herz
…

Stark

Bin ich stark?
Für dich?
Und für mich selbst?

Ich bin stark
Manchmal
Mit zusammen gebissenen Zähnen

Für Dich?
Und für mich selbst?
Vielleicht für beide gleichzeitig …

Wie viel Stärke
hältst du aus?

Denn
mit zusammen gebissenen Zähnen
kann man nicht küssen

Unbeirrt

Durch die Stille der Zeit
Durch das Flüstern der Verzweiflung
Durch die Geräusche der Geschehnisse
Durch den Lärm des Lebens
hindurch
Lausche ich
dem sanften Schlag deines Herzens

Schutz

Stürmischer Winterwind
laut und wild heulend,
das Haus umkreisend,
in finsterer Nacht

Unter warmen Decken
träumend und geborgen,
versunken in Liebe,
nur an dich gedacht

Zärtlichkeit

Berühre mich
und sieh
in meine Seele
und streichle
meine Haut
und küsse
meine Wunden
Und bitte
flechte Träume
in mein
verknotetes Leben

Philosophiegrenze

Im Garten

Regen hat den Garten überschwemmt
Die Erde ist aufgeweicht
Totgeglaubtes hervor gespült
Tropfen hängen Blättern und Gräsern an -
eine fast unsichtbare Last,
die herunter ziehend
traurige Beachtung fordert
Regen überfiel den Garten ungeahnt
drückte Leben zu Boden
Junge Keime ertranken
Fast gebrochen,
doch die Sonnenblume steht noch

Stein

Es ist doch alles nur Fassade,
blank polierter Schein
Von Schauspielern, wie sie nur
die Morbidität des Lebens hervor bringt

Kaum einer traut sich,
den schützenden Schein
gegen eine durchsichtige Glasscheibe
einzutauschen

Kaum einer traut sich,
einen Stein zu nehmen
und den Spiegel um sich herum zu zerschlagen

Was könnte man finden?
Welche Wahrheit käme ans Licht?
Was könnte man über sich selbst erfahren?

Vielleicht würde man am Ende nur
das kleine, zusammen gekauerte
und verunsicherte Kind entdecken,
das in jedem schlummert

Meister der Masken

Wir beten an dich,
Meister der Masken,
dass du uns auch
morgen noch begleitest
Denn größte Angst hat der Mensch davor,
von seinesgleichen
als menschlich
erkannt zu werden

Vergangenheit

Die Vergangenheit
ist mehr als ein Schatten
der jedem im Licht anhaftet
Die Vergangenheit
ist mehr als die Dunkelheit,
die jeden nachts umgibt
Die Vergangenheit
ist sogar mehr als du und ich,
die wir sie, Gegenwart und Zukunft
durchleben
Die Vergangenheit
ist ein ewiges Monument,
das mit jedem Atemzug wächst

Stumm?

Mein Mund ist
geschlossen
nachdem man mir
verbot zu sprechen
Verbal
komme ich nicht mehr weiter
Und Zeichensprache
beherrsche ich nicht

Doch ich
schreibe meine Worte laut hinaus.

Geschenk

Das schönste Geschenk,
das dir ein anderer Mensch
machen kann
ist,
in seiner Nähe
du selbst sein zu dürfen
Ohne jede Maske

Verrückt

Frieden brauchst du, liebes Kind,
wenn Träume schon vergebens sind,
wenn Leben dir die Luft abdrückt,
wenn alles, was Sinn gab, auf einmal
verrückt

Raus aus dem Wasser

Wer zu lange
mit dem Strom schwimmt
weicht auf

Wer aber
an Land geht
hat die Chance Wurzeln zu schlagen

Über das Schreiben

Gedichte und Gedanken,
entsprungen aus der Leere
eines Lebens,
das nur aus Sehnsucht, Suche und
Atemlosigkeit besteht

Spinn ruhig

Einer ist vielleicht wertvoll,
unter hundert verrückten Gedanken
Sind gelegentliche Spinnereien
also ein Grund,
der Phantasie
nicht freien Lauf zu lassen?

Frieden

Meine Zuflucht
sind die Worte auf Papier
Ergeben sie keinen Sinn …
Na und?
Was ergibt heutzutage schon Sinn?

Hoffnungsgrenze

Schimmer

Wenn ich
an all das denke
was hinter
mir liegt
an
Hoffnungslosigkeit
Wenn ich
an all das denke
was vor
mir liegt
an
dunklen Stunden
Und wenn ich
merke
dass ich immer noch
atme
mich nicht wirklich
von der nächsten Brücke
stürze
Dann
erahne ich
die Kraft
die in mir schlummert

Sch* Tag

Endlich Zuhause
Harter Tag!
Total geschlaucht,
reif für die Insel
und
keiner
hier
zum Reden
zum Anlehnen
Ich öffne den Kühlschrank
und
alles was noch da ist
ist
ein großes Glas
Peperoni
Was könnte ich tun
außer
zu lachen

<u>Wunschliste</u>

Beständige Sehnsucht
nach mehr
nur mehr

Mehr Freiheit
mehr Fülle
mehr Leben

Mehr Ich

Mut

Am Boden
Am Ende
Ohne zu zögern
Am Boden nicht bleiben
Am Ende aufstehen
Staub abschütteln
Nur ein Gedanke:
Du bist stärker, als du glaubst

Quelle

Stille Wasser
sind tief
und schmutzig

Ich war
so stumm
wie ein Fisch
und meine Gedanken
schwarz wie Teer

Fand meinen Weg,
fange an zu blubbern,
über zu sprudeln
und zu leben

Ausweg-Selbstgemacht

Gefangen
im Irrgarten
Greifbar naher
Ausgang
Stand ich
immer wieder
vor Hecken
- unüberwindbar

Dann fand ich
die Kettensäge
und nahm
keine Rücksicht mehr
auf Hindernisse.

Sprachgrenze

No reply

I asked the virgin
„What's my fate?"
She gave me no reply
The fool just laughed,
the wise one said
„Your fate will be to die"
The virgin turned her face away
She still did not reply
The fool laughed simply on and on
I tell you,
so did I

<u>Fade away</u>

I feel myself
fading away
But it's not
my fault
You are
standing
behind me
with a rubber

Love

Feels like crying
But don't know why
Somehow
I never ever cry

Feels like smiling
But don't know why
Somehow
my smile is meant to die

Feels like love
And I don't know why
Somehow
I love and smile and cry

Not for the crowd

My leaf fell silently, unseen
I felt you touching it like in a dream
You picked it up and read out loud
„I'm not living for the crowd
of people, trying to figure me out."

Equality

I'm the fulfilment of your dreams
So – who cares about my nightmares ...?

<u>Abschlussgrenze</u>

Erwachsen werden mit Dreißig

Vom Ausgangspunkt längst entfernt
Nicht klein
Nicht lieb
Nicht 'das Kind'
Nur noch Ich
Und 'Ich' ist jemand
den ich langsam in Worte zu fassen lerne